AF305703

Vente des 11, 12, 13 & 14 Mai 1868

COLLECTION

DE

M. MARMONTEL

TABLEAUX MODERNES

ET

AQUARELLES

Mᵉ BOUSSATON, Commissaire-Priseur

M. DURAND-RUEL. }
M. BRAME......... } Experts

CATALOGUE
DES TABLEAUX

ET

DESSINS

QUI COMPOSENT LA COLLECTION

DE M.

MARMONTEL

Et dont la vente aura lieu

HOTEL DROUOT, SALLES Nᵒˢ 8 & 9

AU PREMIER ÉTAGE

Les Lundi 11, Mardi 12, Mercredi 13 & Jeudi 14 Mai 1868

A TROIS HEURES PRÉCISES

Par le Ministère de Mᵉ BOUSSATON, Commissaire-Priseur

7, RUE LE PELETIER

ASSISTÉ DE

M. BRAME	M. DURAND-RUEL
47, RUE TAITBOUT	1, RUE DE LA PAIX

EXPERTS

EXPOSITIONS { PARTICULIÈRE, le Samedi 9 Mai 1868
Â PUBLIQUE, le Dimanche 10 Mai 1868

DE 1 HEURE A 5 HEURES

CONDITIONS DE LA VENTE

Elle sera faite au comptant.

Les adjudicataires payeront cinq pour cent en sus des enchères, applicables aux frais.

CE CATALOGUE SE DISTRIBUE

Chez MM.

A Paris	BOUSSATON, commissaire-priseur, 7, rue Le Peletier. BRAME, expert, 47, rue Taitbout. DURAND-RUEL, expert, 1, rue de la Paix.
A Londres	GAMBART, 1, King-street, St-James's Sq. WALLIS, 120, Pall Mall. W.
A Bruxelles	HOLLENDER, 3, rue des Croisades.
A Amsterdam	VAN PAPPELENDAM, à l'Académie.
A Berlin	LEPKE, 12, Unter den Linden.
A Vienne	KAESER, 2, Bognergasse.
A St Pétersbourg ..	NÉGRI père & fils.
A New-York	KNOEDLER, Broadway 772. AVERY, fifth Avenue, 82.

[illegible]

1 [illegible] ✝
2 [illegible] ✝
3 [illegible] ✝
[illegible] ✝
[illegible] ✝
[illegible] ✝
[illegible]
[illegible]
[illegible]

[illegible]

[illegible] ✝
[illegible] ✝
[illegible] ✝
[illegible] ✝
✝ [illegible] ✝
[illegible] ✝
[illegible]
[illegible] ✝
[illegible] XV. ✝
[illegible]
[illegible] ✝
✝ 17[illegible] [illegible] ✝
[illegible] ✝
✝ 1[illegible] [illegible] ✝
✝ 128 [illegible] ✝

TABLEAUX MODERNES

DÉSIGNATION

TABLEAUX MODERNES

BRASCASSAT

1. — Moutons parqués.

Toile. — H. 45 c.; L. 60 c.

COROT

2. — Le matin.

Toile. — H. 70 c.; L. 45 c.

COROT

3. — Campagne de Rome.

Toile. — H. 38 c.; L. 53 c.

COUTURE

4. — Le Fou.

Toile. — H. 31 c.; L. 23 c.

COUTURE

5. — Figues & Pêches.

Toile. — H. 24 c.; L. 32 c.

DELACROIX (Eugène).

6. — La Bataille de Poitiers.

(Collection de la duchesse de Berri.)

Toile. — H. 1 m. 13 c.; L. 1 m. 42 c.

DELACROIX (Eugène)

7. — Lion couché.

Toile. — H. 37 c.; L. 70 c.

DELACROIX (Eugène)

8. — Lions au désert.

Toile. — H. 43 c. ; L. 52 c.

DELACROIX (Eugène)

9. — Desdémone & Othello.

Toile. — H. 49 c. ; L. 61 c.

DELACROIX (Eugène)

10. — Ophélie.

Toile. — H. 22 c. ; L. 28 c

DELACROIX (Eugène)

11. — Andromède.

(Collection Moreau.)

Bois. — H. 42 c. ; L. 33 c.

DELACROIX (Eugène)

12. — La Mise au tombeau.

Toile. — 30 c.; L. 42 c.

DELACROIX (Eugène)

13. — Le Christ à la colonne.

(Collection Baroilhet.)

Toile. — H. 43 c.; L. 27 c.

DAUBIGNY

14. — Les Varechs (Villerville).

Toile. — H. 53 c.; L. 1 m. 17 c.

DAUBIGNY

15. — Bords de la Marne.

Bois. — H. 37 c.; L. 47 c.

DAUBIGNY

16. — Paysage avec animaux.

Bois. — H. 32 c.; L. 37 c.

DECAMPS

17. — Le Christ & les disciples d'Emmaüs.

(Vente Decamps.)

le. — H. 33 c.; L. 46 c.

DIAZ

18. — Forêt de Fontainebleau.

Toile. — H. 1 m. 10 c.; L. 80 c.

DIAZ

19. — Descente de Bohémiens.

Toile — H. 58 c.; L. 43 c.

DIAZ

20. — Une Mare dans la forêt.

Toile. — H. 44 c.; L. 65 c.

DIAZ

21. — Le Sommeil.

Bois. — H. 21 c.; L. 29 c.

DIAZ

22. — Étude d'arbres.

Bois. — H. 40 c.; L. 31 c.

DIAZ

23. — La Mare.

Toile. — H. 21 c.; L. 30 c.

DUPRÉ (Jules)

24. — Pacage dans le Berri.

Toile. — H. 99 c.; L. 1 m. 38 c.

DUPRÉ (Jules)

25. — Coupe de bois.

(Vente Troyon.)

Toile. — H. 57 c.; L. 45 c.

DUPRE (Jules)

26. — Une Ferme dans les Landes.

Toile. — H. 50 c.; L. 68 c.

DUPRÉ (Jules)

27. — Un Marais dans la Sologne.

(N° 235 de l'Exposition Universelle de 1867.)

Toile. — H. 40 c.; L. 58 c.

DUPRÉ (JULES)

28. — Route dans les Landes.

(N° 235 de l'Exposition Universelle de 1867.)

Toile. — H. 31 c.; L. 49 c.

DUPRÉ (JULES)

29. — Environs de l'Isle-Adam.

Toile. — H. 33 c.; L. 28 c.

DUPRÉ (JULES)

30. — Le Pont.

Toile. — H. 33 c.; L. 28 c.

DUPRÉ (JULES)

31. — Berger gardant ses moutons.

(Collection Moreau.)

Toile. — H. 18 c.; L. 30 c.

DUPRÉ (JULES)

32. — Village en Picardie.

Toile. — H. 25 c.; L. 42 c.

DUPRÉ (JULES)

33. — Nature morte.

Toile. — H. 44 c.; L. 51 c.

FLANDRIN (HIPPOLYTE)

34. — Sainte Pélagie.

(Vente Flandrin.)

Toile. — H. 80 c.; L. 64 c.

FLANDRIN (HIPPOLYTE)

35. — Tête de saint Jean.

(Vente Flandrin.)

Toile. — H. 29 c.; L. 23 c.

FROMENTIN

36. — Femmes des Ouled-Nayls (Sahara).

(N° 619 du Salon de 1867.)

Toile. — H. 1 m. 10 c.; L. 72 c.

FROMENTIN

37. — Prisonniers arabes.

Bois. — H. 35 c.; L. 26 c.

FROMENTIN

38. — Chevaux à l'abreuvoir.

Bois. — H. 35 c.; L. 26 c.

GÉRICAULT

39. — Les Courses libres à Rome.

Toile. — H. 32 c.; L. 44 c.

GÉRICAULT

40. — Amazone

(Vente Van Cuyck.)

Toile. — H. 45 c.; L. 35 c.

GÉRICAULT

41. — Napoléon & Berthier.

Toile. — H. 47 c.; L. 57 c.

HÉBERT

42. — Les Cervarolles.

(Réduction de son tableau du musée du Luxembourg.).

Toile. — H. 64 c.; L. 40 c.

HÉBERT

43. — Loin du pays.

Bois. — H. 53 c.; L. 34 c.

HÉBERT

44. — Étude du tableau précédent.

Toile. — H. 91 c.; L. 60 c.

HÉBERT

45. — Jeune Italienne.

Toile. — H. 36 c.; L. 20 c.

ISABEY

46. — Une Scène de la Saint-Barthélemy dans l'église Saint-Germain-l'Auxerrois.

(N° 779 du Salon de 1867.)

Toile. — H. 73 c.; L. 54 c.

JONGKIND

47. — Canal, près Rotterdam.

(N° 1129 du Salon de 1865.)

Toile. — H. 50 c.; L. 80 c.

JONGKIND

48. — La route de Saint-Clair, près de Honfleur.

Effet du matin.

(N° 1128 du Salon de 1865.)

Toile. — H. 50 c.; L. 80 c.

JONGKIND

49. — Un Canal en Hollande (effet de lune....).

Toile. — H. 60 c.; L. 44 c.

JONGKIND

50. — Rotterdam.

Toile. — H. 40 c.; L. 55 c.

JONGKIND

51. — Canal à Amsterdam.

Toile. — H. 40 c.; L. 55 c.

JONGKIND

52. — Un Canal (effet de nuit).

Toile. — H. 32 c.; L. 46 c.

MARILHAT

53. — Paysage (Auvergne).

Toile. — H. 63 c.; L. 80 c.

MEISSONIER

54. — Un Soldat Louis XIII.

Bois. — H. 27 c.; L. 18 c.

MILLET (J.-F.)

55. — Un bout du village de Greville (Manche).

(N° 1376 au Salon de 1866.)

Toile. — H. 80 c.; L. 1 m.

MILLET (J.-F.)

56. — La Lessiveuse.

Bois. — H. 43 c.; L. 33 c.

PILS

57. — Bataille de l'Alma.

Toile. — H. 48 c.; L. 83 c.

PILS

58. — L'École de tirailleurs (chasseurs à pied).

Toile. — H. 28 c.; L. 47 c.

PRUD'HON

59. — Andromaque.

(Vente Van Cuyck.)

Toile. — H. 22 c.; L. 27 c.

REYNAUD·

60. — Paysans des Abruzzes (Naples).

(N° 1812 du Salon de 1865.)

Toile. — H. 87 c.; L. 1 m. 34 c.

ROUSSEAU (Théodore)

61. — Le Chêne de roche.

(N° 545 de l'Exposition Universelle de 1867.)

Toile. — H. 89 c.; L. 1 m. 18 c.

ROUSSEAU (Théodore)

62. — La Vallée aux vaches.

(Collection Diaz.)

Toile. — H. 37 c.; L. 57 c.

ROUSSEAU (Théodore)

63. — La Plante-à-Biau (effet du soir dans la
plaine de Barbizon & de Chailly).

Bois. — H. 31 c.: L. 54 c.

ROUSSEAU (Théodore)

64. — Coup de soleil dans une plaine.

Bois. — H. 33 c.; L. 43 c.

ROUSSEAU (Théodore)

65. — Maisons au bas du mont Saint-Michel.

Toile. — H. 31 c.; L. 42 c.

ROUSSEAU (Théodore)

66. — Le Moulin de Saint-Ouen.

Bois. — H. 25 c.; L. 35 c.

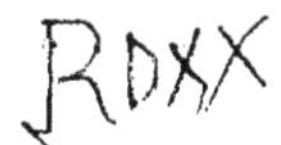

ROUSSEAU (Théodore)

67. — Les Chênes rouges (effet d'automne).

Bois. — H. 21 c.; L. 33 c.

ROUSSEAU (THÉODORE)

68. — Un village en Picardie,

(Vente Baroilhet.)

Bois. — H. 21 c.; L. 32 c.

ROUSSEAU (THÉODORE)

69. — Crépuscule.

(Collection Moreau.)

Bois. — H. 20 c.; L. 25 c.

ROUSSEAU (THÉODORE)

70. — Après la pluie.

Bois. — H. 19 c.; L. 24 c.

ROUSSEAU (THÉODORE)

71. — Lisière de Forêt.

Bois. — H. 16 c.; L. 21 c.

ROUSSEAU (Théodore)

72. — Village de Barbizon.

Bois. — H. 15 c.; L. 21 c.

ROUSSEAU (Théodore)

73. — Un Village en Picardie.

Bois. — H. 16 c.; L. 21 c.

ROUSSEAU (Théodore)

74. — Paysage (effet d'automne).

Bois. — H. 14 c.; L. 20 c.

SAINT-JEAN

75. — Pêches, Prunes & Framboises.

Bois. — H. 27 c.; L. 35 c.

SAINT-JEAN

76. — Fleurs dans un vase.

Bois. — H. 27 c.; L. 35 c.

SAINT-JEAN

77. — Roses.

Bois. — H. 23 c.; L. 32 c.

TROYON

78. — Un Village (bords de la mer).

(Vente Troyon.)

Toile. — H. 70 c.; L. 82 c.

TROYON

79. — Vache paissant dans un enclos; un chien aboie après elle.

(Vente Troyon.)

Toile. — H. 58 c.; L. 89 c.

TROYON

80. — Vache rousse, ayant une clochette au cou.

(Vente Troyon).

Toile. — H. 57 c.; L. 67 c.

TROYON

81. — Le Matin au bord de la mer.

Bois. — H. 36 c.; L. 45 c.

TROYON

82. — Moulin sur le bord d'un fleuve (effet du soir).

Toile. — H. 32 c.; L. 46 c.

TROYON

83. — Vache (étude).

(Vente Troyon.)

Bois. — H. 28 c.; L. 35 c.

YVON (ADOLPHE)

84. — Un Hussard.

Toile. — H. 56 c.; L. 47 c.

ZIEM.

85. — Vue du Bosphore. — Le salut.

Toile. — H. 57 c.; L. 93 c.

ZIEM

86. — Un Marais dans les Bouches-du-Rhône.

Bois. — H. 32 c.; L. 46 c.

ZIEM

87. — Venise. — La Salute.

Bois. — H. 27 c.; L. 24 c.

TABLEAUX ANCIENS

TABLEAUX ANCIENS

BRAUWER

88. — Intérieur flamand (paysans).

Toile. — H. 45 c.; L. 54 c.

DROLLING

89. — Fête de village.

Bois. — Diamètre 16 c.

GARNERAY

90. — Marine.

Bois. — H. 37 c.; L. 45 c.

GOYEN (Van)

91. — Moulin sur le bord d'une rivière.

Bois. — H. 30 c.; L. 45 c.

GUARDI

92. — Vue d'un canal à Venise.

Toile. — H. 29 c.; L. 39 c.

MONNOYER (Baptiste)

93. — Fleurs dans un vase.

Toile. — H. 57 c.; L. 44 c.

MOUCHERON

94. — Paysage.

Toile. — H. 33 c.; L. 40 c.

TABLEAUX ET DESSINS

DE

BONVIN

3

TABLEAUX ET DESSINS

DE BONVIN

95. — Les Attributs de la Peinture & de la
Musique.

(N° 237 du Salon de 1865.)

Toile. — H. 1 m. 10; L. 1 m. 33 c.

96. — Au banc des pauvres; souvenir de Bre-
tagne.

(N° 238 du Salon de 1865.)

Toile. — H. 55 c.; L. 39 c.

97. — Religieuses allant distribuer des vivres.

(N° 173, du Salon de 1867.)

Toile. — H. 52 c.; L. 42 c.

98. — Vieille Femme lisant.

(N° 174, du Salon de 1867.)

Toile. — H. 47 c.; L. 36 c.

99. — Jeune Femme dans son intérieur.

Toile. — H. 40 c.; L. 31 c.

100. — Bouquet de fleurs dans un vase.

Toile. — H. 40 c.; L. 32 c.

101. — Panier de fraises.

Bois. -- H. 31 c.; L. 41 c.

102. — Nature morte. — Pot au lait.

Bois. — H. 31 c.; L. 41 c.

103. — L'École.

Bois. — H. 19 c.; L. 25 c.

104. — La Pipe.

Bois. — H. 15 c.; L. 20 c.

105. — Nature morte. — Melon & raisins.

Bois. — H. 15 c.; L. 20 c.

106. — Nature morte. — Choux-fleurs, &c.

Bois. — H. 15 c.; L. 20 c.

107. — La Petite Ménagère.

Bois. — H. 18 c.; L. 10 c.

108. — Petit Pot de fleurs.

Bois. — H. 13 c.; L. 11 c.

109. — Petit Pot de fleurs.

Bois. — H. 13 c.; L. 11 c.

110. — Bouquet de fleurs dans un vase (roses, &c.)

Bois. — H. 12 c.; L. 10 c.

111. — Bouquet de fleurs dans un vase (camélias).

Bois. — H. 12 c.; .L. 10 c.

112. — Petit Panier de fraises.

Bois. — II. 12 c.; L. 09 c.

113. — Petit Panier de cerises.

Bois. — H. 12 c.; L. 09 c.

114. Intérieur de cabaret.
Aquarelle.

H. 55 c.; L. 40 c.

115. — Vieille Femme filant sa quenouille.
Dessin rehaussé.

H. 40 c.; L. 30 c.

116. — Jeune Femme préparant le café.

Dessin rehaussé.

H. 38 c.; L. 29 c.

117. — La Liseuse.

Dessin rehaussé.

H. 41 c.; L. 32 c.

118. — Femme dans son intérieur.

Dessin rehaussé.

H. 30 c.; L. 41 c.

119. — Le Donneur d'eau bénite.

Dessin rehaussé.

H. 37 c.; L. 29 c.

120. — Religieuses montant un escalier.

Aquarelle.

H. 37 c.; L. 28 c.

121. — Vieille femme se chauffant.

Sépia.

H 35 c.; L 28 c.

DESSINS MODERNES

DESSINS MODERNES

BELLANGÉ (Hippolyte)

122. — Épisode de la campagne de 1814.

Aquarelle.   H. 44 c.; L. 55 c.

123. — Épisode du siége d'Anvers.

Aquarelle.   H. 25 c.; L. 10 c.

124. — Revue enfantine.

Aquarelle.   H. 19 c.; L. 23 c.

125. — Pansement d'un officier blessé.

Aquarelle.   H. 21 c.; L. 16 c.

BIDA

126. — Judas offrant de livrer le Christ.

Dessin.

H. 20 c. ; L. 28 c.

BONHEUR (Rosa)

127. — Moutons.

Dessin rehaussé.

H. 21 c. ; L. 32 c.

128. — Brebis & ses Agneaux.

Dessin.

H. 17 c. ; L. 26 c.

BONINGTON

129. — Le Vieux Paris.

Aquarelle.

H. 15 c. ; L. 23 c.

BONINGTON

130. — Cavaliers Louis XIII.

Aquarelle.   H. 19 c.; L. 14 c.

131. — Paysage.

Sépia.   H. 12 c.; L. 20 c.

BOUQUET

132. — Paysage avec animaux.

Pastel.   H. 36 c.; L. 49 c.

133. — Paysage avec animaux.

Pastel.   H. 36 c.; L. 49 c.

CHAPLIN

134. — Les Bulles de savon.

Aquarelle.

H. 39 c.; L. 25 c.

CHARLET

135. — Soldat Louis XV en état d'ivresse.

Aquarelle.

H. 45 c.; L. 34 c.

136. — Soldat blessé regagnant son village.

Aquarelle.

H. 26 c.; L. 19 c.

137. — A la couronne de la valeur française.

Aquarelle.

H. 16 c.; L. 14 c.

COPLEY-FIELDING

138. — Marine; — Lever de soleil.

Aquarelle.

H. 10 c.; L. 16 c.

DAUZATS

139. — Une Église.

Aquarelle.

H. 10 c.; L. 15 c.

140. — Une Église.

Aquarelle.

H. 10 c.; L. 15 c.

DELACROIX (Eugène)

141. — Saint Michel terrassant le démon.

Dessin.

H. 31 c.; L. 41 c.

DELACROIX (Eugène)

142. — Mort de Marc-Aurèle.

Dessin.

H. 30 c.; L. 24 c.

143. — Faust (la Chanson de Valentin).

Lavis.

H. 26 c.; L. 21 c

144. — Faust (la Promenade).

Lavis.

H. 24 c.; L. 18 c.

145. — Tigre dévorant un cheval.

Aquarelle

H. 18 c.; L. 28 c.

DELACROIX (Eugène)

146. — Chevaux en liberté.

Aquarelle.

H. 17 c.; L. 26 c.

147. — Chevaux à l'écurie.

Aquarelle.

H. 16 c.; L. 26 c.

148. — Grecs.

Étude. — Aquarelle.

H. 17 c.; L. 25 c.

149. — Jeune Mulâtresse.

Sépia.

H. 18 c.; L. 15 c.

4

DELACROIX (Eugène)

150. — Alexandre faisant renfermer les œuvres
d'Homère dans un coffre d'or.

Dessin.   H. 14 c.; L. 21 c.

DESFRICH

151. — Paysage.

Dessin.   H. 08 c.; L. 15 c.

DUPRÉ (Jules)

152. — Paysage (scène de Quentin Durward de
W. Scott).

Magnifique aquarelle.   H. 36 c.; L. 54 c.

FLERS

153. — Paysage.

Aquarelle.   H. 31 c.; L. 48 c.

FROMENTIN

154. — Une Tribu arabe.

Aquarelle.

H. 24 c.; L. 34 c.

155. — Une Halte de chasse en Algérie.

H. 28 c.; L. 20 c.

GAVARNI

156. — Je te dis que c'est mon nez que t'as !

Aquarelle.

H. 27 c.; L. 21 c.

157. — Matelot anglais.

Dessin à la plume.

H. 21 c.; L. 15 c.

GAVARNI

158. — Touriste anglais.

Aquarelle.

H. 19 c.; L. 14 c.

GRANET

159. — Jeanne d'Arc en prison.

Aquarelle.

H. 30 c.; L. 25 c.

GRANDVILLE

160. — Les Animaux peints par eux-mêmes.

Dessin à la plume.

H. 16 c.; L. 12 c.

GÉRICAULT

161. — Naufrage de *la Méduse*.

Aquarelle.

H. 10 c.; L. 17 c.

162. — Le Radeau de *la Méduse*.

Aquarelle.

H. 10 c.; L. 17 c.

163. — Les Naufragés de *la Méduse* racontant leur naufrage à un chef nègre.

Aquarelle.

H. 10 c.; L. 17 c.

164. — Les Naufragés de *la Méduse* recueillis par les marins de l'*Argus*.

Aquarelle.

H. 10 c.; L. 17 c.

165. — Deux Cavaliers persans.

H. 06 c.; L. 11 c.

GÉRICAULT

166. — Une aquarelle & un dessin dans un cadre
à double face.

H. 22 c.; L. 30 c.

167. — Deux aquarelles représentant des cos-
tumes orientaux, dans un cadre à
double face.

H. 22 c.; L. 30 c.

167 *bis*. — Les Lanciers rouges.

Aquarelle.

H. 26 c.; L. 37 c.

167 *ter*. — La Malle-poste.

Aquarelle.

H. 20 c.; L. 27 c.

HARPIGNIES

168. — Paysage; écoliers en promenade.

Aquarelle.

H. 11 c.; L. 16 c. 1 2

HÉBERT

169. — La Perle noire.

Dessin.   H. 36 c.; L. 23 c.

170. — Femme romaine.

Dessin.   H. 33 c.; L. 21 c.

HERSON

171. — Intérieur d'une église.

Aquarelle.   H. 24 c.; L. 31 c.

HUBERT

172. — Paysage avec figures.

Aquarelle.   H. 20 c.; L. 28 c.

INGRES (d'après L. DE VINCI)

173. — La belle Féronnière.

Dessin.

H. 51 c.; L. 42 c.

174. — L'Entrée de Charles VII à Paris.

Dessin.

H. 40 c.; L. 50 c.

JOYANT

175. — Vue de Venise.

Lavis.

H. 41 c.; L. 50 c.

KOBELL

176. — Les Plaisirs de la campagne (1831).

Aquarelle.

H. 20 c.; L. 29 c.

LEPOITEVIN

177. — L'Arrivée des pêcheurs.

Sépia.

H. 23 c.; L. 30 c.

178. — Moissonneurs.

Sépia.

H. 15 c.; L. 22 c.

MARILHAT

179. — Nubiens.

Magnifique aquarelle.

H. 58 c.; L. 80 c.

180. — Vue d'Auvergne.

Sépia.

H. 15 c.; L. 24 c.

MEISSONIER

181. — Pierre l'Ermite prèchant la première croisade.

Aquarelle.

H. 09 c.; L. 15 c.

182. -- Un Cavalier.

Dessin à la plume.

H. 12 c.; L. 09 c.

MILLET (J.-F.)

183. — Le Vanneur.

Fusain.

H. 45 c.; L. 31 c.

184. — Jeune Paysanne gardant ses moutons.

Dessin.

H. 38 c.; L. 28 c.

MILLET (J.-F.)

185. — Intérieur de forêt.

Fusain.

H. 28 c.; L. 42 c.

MILLET (J.-B.)

186. — Paysage avec figures.

Aquarelle.

H. 27 c.; L. 38 c.

187. — Bords de la Seine.

Dessin à la plume.

H. 18 c.; L. 25 c.

188. — Côtes de Normandie.

Dessin à la plume.

H. 25 c.; L. 14 c.

MILLET (J.-B.)

189. — Paysage avec un étang.

Dessin à la plume.

H. 17 c.; L. 23 c.

190. — Forêt de Fontainebleau.

Dessin à la plume.

H. 23 c.; L. 14 c.

191. — Une Rue de village.

Dessin à la plume.

H. 14 c.; L. 12 c.

MONNIER (Henri)

192. — La Brouille.

Sépia.

H. 12 c.; L. 12 c.

MOREL FATIO

193. — Camp d'infanterie près Bomarsund.

Crayon.   H. 27 c.; L. 22 c.

OUVRIÉ (Justin)

194. — Une Vue de Hollande.

Aquarelle.   H. 12 c.; L. 20 c.

PILS

195. — Portrait d'une religieuse.

Crayon.   H. 43 c.; L. 40 c.

196. — Dragons au repos.

Aquarelle.   H. 31 c.; L. 40 c.

197. — Halte de cuirassiers.

Aquarelle.   H. 21 c.; L. 26 c.

PRUD'HON

198. — La Raison, la Liberté & le Progrès renversant la Tyrannie.

Dessin rehaussé.

H. 30 c.; L. 53.

199. — Étude pour le tableau de Pyrrhus.

Dessin rehaussé.

H. 34 c.; L. 27 c.

200. — Étude pour le tableau d'Andromaque.

Dessin rehaussé.

H. 28 c.; L. 19 c.

201. — L'Amour enchaîné.

Dessin au crayon noir.

H. 27 c.; L. 18 c.

202. — Portrait du roi de Rome.

Dessin rehaussé.

H. 21 c.; L. 23 c.

PRUD'HON

203. — Chloto.

Crayon rehaussé.

H. 22 c.; L. 13 c.

204. — Jeune Fille tenant un chat.

Dessin rehaussé.

H. 12 c.; L. 10 c.

RAFFET

205. — Jeune Recrue à cheval (1814).

Aquarelle.

H. 19 c.; L. 14 c.

206. — Mort du général Desaix.

Sépia.

H. 10 c.; L. 14 c.

RAFFET

207. — Épisode de Navarin.

Aquarelle.

H. 08 c.; L. 10 c. 1/2.

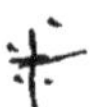

ROBERT (Léopold)

208. — Italienne & son enfant.

H. 20 c.; L. 12 c.

ROQUEPLAN (Camille)

209. — Paysage.

Aquarelle.

H. 10 c.; L. 22 c.

ROUSSEAU (Théodore)

210. — Paysage avec cours d'eau.

Dessin rehaussé.

H. 43 c.; L. 23 c.

VERNET (Horace)

211. — Intérieur d'auberge.

Dessin.

H. 07 c.; L. 11 c.

WILD

212. — Paysage.

Aquarelle.

H. 14 c.; L. 20 c.

YVON (Adolphe)

213. — Boucher grec.

Aquarelle.

H. 30 c.; L. 25 c.

ZIEM

214. — Vue de Venise.

Aquarelle.

H. 34 c. ; L. 38 c.

H^te BROWNE (Madame)

214 bis. — Jeune Grec.

Aquarelle.

H. 14 c. ; L. 22 c.

DESSINS ANCIENS

DESSINS ANCIENS

BACKUISEN

215. — Marine.

Lavis.

H. 29 c.; L. 35 c.

BÉNÉDETTO CASTIGLIONE

216. — Le Repos de la sainte Famille.

Sanguine.

H. 36 c.; L. 26 c.

BERGHEM

217. — Paysage avec animaux.

Magnifique dessin.

H. 27 c.; L. 20 c.

BOILLY

218. — Le Salon de 1812.

> Salle où était exposé le tableau de Gérard. — Le sacre de Napoléon.
>
> Magnifique dessin rehaussé.
>
> H. 60 c.; L. 81 c.

BOISSIEUX

219. — Paysage avec animaux.

> Lavis.
>
> H. 26 c.; L. 38 c.

220. — Paysage avec animaux; effet du matin.

> Lavis.
>
> H. 26 c.; L. 38 c.

221. — Tête de vieillard.

> Crayon rouge.
>
> H. 19 c.; L. 17 c.

BRUANDAIS

222. — Vue de l'ancien bois de Boulogne.

Gouache.   H. 47 c.; L. 85 c.

223. — Le vieux bois de Boulogne.

Gouache.   H. 47 c.; L. 85 c.

LE CARAVAGE

224. — Le Christ portant sa croix.

Beau dessin. (Collection Mariette.)

H. 34 c.; L. 22 c.

CORRÉGE (attribué au)

225. — Sujet mythologique. Polyphème.

Dessin.   H. 9 c.; L. 14 c.

CORREGE (attribué au)

226. — Sujet mythologique. Polyphème.

Pendant du n° précédent.
Dessin.

H. 09 c.; L. 14 c.

CUYP (ALBERT)

227. — Paysage.

Dessin.

H. 28 c.; L. 37 c.

DAVID

228. — Lepelletier Saint-Fargeau.

Dessin à la plume.

H. 30 c.; L. 25 c.

DROLLING

229. — Le Colporteur.

Aquarelle.

H. 18 c.; L. 21 c.

DURER (A.)

230. — Un Apôtre.

Dessin rehaussé.
(Vente Andréossy.)

H. 40 c.; L. 24 c.

DUSSARD (CORNEILLE)

231. — Deux sujets : Confiance & Persuasion
dans un seul cadre.

Grandeur de chaque dessin.

H. 12 c.; L. 07 c.

DYCK (VAN)

232. — Tète d'homme.

Dessin.

H. 15 c.; L. 17 c.

FRAGONARD

233. — Tête de jeune fille.

Sépia.   H. 36 c.; L. 29 c.

234. — Scène d'ivresse.

Sépia.   H. 23 c.; L. 35 c.

235. — Le Matin.

Sépia.   H. 23 c.; L. 35 c.

GARNERAY

236. — Vue d'un quai à Rouen.

Aquarelle.   H. 12 c. 1/2; L. 10 c.

GARNERAY

237. — Vue de Rouen.

Aquarelle.

H. 08 c.; L. 10 c.

GATEBOIS

238. — Paysage. — Animaux traversant un gué.

Aquarelle.

H. 33 c.; L. 45 c.

GRANDJEAN

239. — Paysage arcadien.

Dessin rehaussé.

H. 15 c.; L. 20 c.

240. — Paysage arcadien.

Dessin rehaussé.

H. 15 c.; L. 20 c.

GREUZE

241. — Étude pour son tableau *la Malédiction
paternelle*.

Dessin à la plume & lavis.

H. 32 c.; L. 50 c.

242. — La Douleur.

Crayon rouge.

H. 45 c.; L. 34 c.

243. — Tête d'étude.

Sanguine.

H. 45 c.; L. 33 c.

244. — Les trois Ages; projet de monument.

Lavis.

H. 38 c.; L. 26 c

GUARDI

245. — Intérieur de palais.

Lavis.

H. 46 c. ; L. 31 c.

246. — Le Grand Canal à Venise.

Lavis.

H. 15 c. ; L. 30 c.

HUYSUM (VAN)

247. — Fleurs (tulipes, roses, &c.).

Magnifique dessin rehaussé.

H. 50 c.; L. 33 c.

LE JOSEPIN

248. — Jeune femme couchée.

Crayon.

H. 15 c.; L. 23 c.

JODBLYK

249. — Marine.

Sépia.

H. 15 c.; L. 25 c.

KAREL DUJARDIN

250. — Paysage.

Magnifique sépia du maitre, gravée dans l'histoire
des peintres & provenant de la collection Van Os.

H. 15 c.; L. 18 c.

KATZ

251. — Paysage avec animaux.

Mine de plomb.

H. 14 c.; L. 21 c.

LANTARA

252. — Ruines.

Effet de lune.
Dessin rehaussé.

Diamètre, 27 c.

LANTARA

253. — Effet d'orage.

Dessin rehaussé. H. 19 c.; L. 25 c.

LEMOINE

254. — La Conversation.

Dessin. H. 30 c.; L. 20 c.

LÉPICIÉ

255. — Jeune Femme lisant.

Dessin rehaussé. H. 40 c.; L. 28 c.

LEPRINCE

256. — L'heureux Ménage.

Dessin rehaussé. H. 21 c.; L. 27 c.

LEPRINCE

257. — Chasseur Louis XV.

Sépia. Diamètre, 23 c.

258. — Jeune femme cueillant une rose.

Dessin rehaussé. H. 24 c.; L. 16 c.

MANTÉGNA

259. — La Vierge soutenant le Christ.

Crayon. H. 16 c.; L. 19 c.

MIERIS (VAN)

260. — Sujet mythologique.

Dessin sur vélin.

MOREAU

261. — Scène de la Fédération.

Aquarelle.

H. 41 c.; L. 55 c.

262. — Paysage.

Aquarelle.

H. 12 c.; L. 17 c.

MOUCHERON

263. — Paysage.

Massif d'arbres.
Sépia.

H. 23 c.; L. 25 c.

NICOLLE

264. — Moine prêchant dans une rue.

Aquarelle.

H. 18 c.; L. 12 c.

OMÉGANCK

265. — Intérieur de bergerie.

Dessin.

H. 23 c.; L. 23 c.

OSTADE (VAN)

266. — Intérieur de ferme.

Dessin.

H. 10 c.; L. 20 c.

PARROCELLE

267. — Paysage du Rhin.

Aquarelle. (Collection Sorret.)

H. 35 c.; L. 39 c.

PÉRINO DEL VAGA, dit BUONACORSI

268. — La Présentation au Temple.

Dessin. — Collection Mariette.

H. 20 c.; L. 15 c.

PÉSARÈSE

269. — Femme au chevet du lit d'un malade.

Sanguine.   H. 23 c.; L. 17 c.

POELENBURG

270. — Paysage avec figures.

Dessin rehaussé.   H. 20 c.; L. 18 c.

ROSA ALBA

271. — Portrait de l'artiste.

Pastel.   H. 23 c.; L. 14 c.

RUBENS

272. — La chaste Suzanne.

Dessin.   H. 26 c.; L. 23 c.

SALVIATI

273. — Les Horaces.

Magnifique dessin rehaussé.

H. 25 c.; L. 36 c.

SÉBASTIEN DEL PIOMBO

274. — Le Christ à la colonne.

Splendide dessin du maître.
Collections sir Thomas Reynolds & Norblin.

H. 36 c.; L. 62 c.

SWANNEVELT (dit HERMAN D'ITALIE)

275. — Paysage.

Dessin.

Diamètre, 18 c.

VAN DER VELDE

276. — Paysage avec animaux.

Sépia.

H. 14 c.; L. 19 c.

VIGÉE LEBRUN (Madame)

277. — Tète de jeune femme.

Dessin.   H. 40 c.; L. 27 c.

VANLOO

278. — Tète de jeune femme.

Dessin.   H. 35 c.; L. 25 c.

279. — Luca Signiorelli.

Sanguine.   H. 21 c.; L. 19 c.

WATTEAU

280. — Personnages de la comédie italienne.

Sanguine.   H. 26 c.; L. 17 c.

WATTEAU

281. — Les Plaisirs de la guerre.

Dessin.

H. 12 c.; L. 17 c.

WÉROTER

282. — Paysage.

Sépia.

H. 23 c.; L. 37 c.

283. — Paysage avec cours d'eau.

Sépia.

H. 23 c.; L. 34 c.

WISCHER (CORNEILLE)

284. — L'heureuse Mère.

Dessin.

H. 29 c.; L. 23 c.

PARIS. — J. CLAYE, IMPRIMEUR, 7, RUE SAINT-BENOIT. — [337]

Tableaux.

+ 1.   Brascassat. Moutons parqués —

+ 3   Campagne de Rome   Corot

82.   Troyon moulin sur le bord d'Honfleur — effet
      du soir

77   St Jean   Roses.

+ 26 J. Dupré   Une ferme dans les Landes

72   Th. Rousseau   Village de Barbizon

42   Hébert   Les Cervarolles.

67   Th. Rousseau   Les chênes rouges (Effet d'automne)

+ 64 Th. Rousseau   Coup de Soleil dans une plaine

   54   Pils   L'École de Tirailleurs

+ 61 Th. Rousseau   Le chêne de roches   +

37   Fromentin   Prisonnier arabes

+ 36   ---   id   ---   Femmes des Ouled Nayls   +
+ 38   ---   id   ---   Chevaux à l'abreuvoir.

34   Flandrin   Ste Pélagie   +

59   Fröd'bon   Andromaque.   C. P.   +

89   Drolling   Fête de village

8   Delacroix   Lion au désert

18   Diaz   Forêt de Fontainebleau   +

      ...   Lion couché —

39 Géricault. Chevaux libres à Rome.
49 Jongkind. Un canal Hollandais. Effet de lune
80 Troyon. Vachesse rousse avec clochette.
32 J. Dupré Village en Picardie.
54 Meissonier. Un Soldat sous Louis XIII.
31 J. Dupré Berger gardant ses moutons
† 63. Th. Rousseau La Plante à Bian. Effet au
soir plaine de Barbizon.

138 Gavarni Touriste Anglais
126 Bida Judas offrant de livrer le Christ.
127 Rosa Bonheur Moutons.
214 Ziem Vue de Venise
170 Hébert. Jeune Romaine
209 Duquesnoy Paysage
207 Raffet. Épisode de Navarin.
200 Prud'hon Étude pour le tableau d'Andromède
202 — id — Portrait du roi de Rome
201 — id — L'amour enchaîné
148 — id — La Sagesse.
203 — id — Chloris
199 — id — Étude pour le tableau de Psyché
204 Prud'hon Jeune fils tenant un chat
128 Rosa Bonheur Brebis et ses agneaux
157 J. Dupré Paysage (Quentin Durward)
138 Copley Fielding marine Lever de soleil

139   Dauzats.   Une Église ~~+~~
237   Garneray   Vue de Rouen
140   Dauzats.   Une Église
134   Chaplin   Les bulles de savon —
248   Le Joseph   Jeune femme cueillant .
129   Bonington   Le vieux Paris
181   Meissonier   Pierre l'Hermite prêchant la croisade
284   Wischer   L'heureuse Mère
813   Yvon   Boucher Gros
~~184~~ 184   Millet   Jeune paysan gardant ses moutons
119   Bouvin   Le dessus d'eau bénite
266   Adrien van Ostade   Guttelin de feu .
272   Rubens   La chaste Susann
258   Leprince   Jeune femme cueillant un ros
84   Baissieux   Tête de vieillard .
896   Leprince   Heureux ménage
257   Leprince   Charron Laitg.
253   Lantara   Effet d'orage .
116   Bouvin   Jeune femme preparant le café
118   id.   Femme dans son intérieur
+ 185   Millet   Intérieur de forêt
+ 281   Watteau   Les plaisirs de la guerre —
# 288   Lepicié   Jeune femme lisant .
157   Gavarni   Matelot Anglais .
194   Justin Ouvrié   Vue de Hollande
196   Gavarni   C'est mon nez —
164   Hébert   Femme Romaine
  Le bel Faronnier

174 Ingres   Entrée de Charles VII à Paris

214 bis Brown. Henriette.   Jeune grec — †

217 Berghem   Paysage aux animaux. †

234 Fragonard   Scène d'ivresse   †

235   — id —   Le matin . †

FX 253   Lantara.   Effet d'orage –
169.   Hébert   La perle noire –
170   – id –   Femme Romaine –
134   Chaplin –   Les bulles de Savon –
201   Prud'hon –   L'amour enchainé
202   id –   Portrait du roi de Rome –
248   Le Josepin –   Jeune femme couchée –
256   JD Le Prince –   L'heureux ménage
257   – id –   Chasse Louis XV. –
258 FX – id –   Jeune femme cueillant des…
213   Yvon –   Bouquet de roses. Boucher frères
129   Bonington   Le Vieux Paris –

Moine breux.
221   Baissiens   Tête de vieillard –
207   Raffet.   Episode de Navarin –
209   Roqueplan –   Paysage –
139   Dauzats.   Une Eglise
140   – id –   – id –
138   Copley Felding   Marine : lever de Soleil
237   Sarnerey –   Vue de Rouen –

Pousser davantage
le n° 169 Hébert la Perle Noire
et le n° 201 Prud'hon L'amou
en chainé

Ste Pélagie

Vendu

9 782329 516608